Gott ist nah.

Michael Hofmann (Hrsg.), Peter Köster,

Christian Möring, Ulrike Nachtwey

Bibeltexte
in Leichter Sprache
vom Kirchentag:

Gott ist nah.

Der Luther-Verlag aus Bielefeld
hat dieses Buch gemacht.
Auf Seite 231 gibt es Infos dazu.

Worte von Gott einfach lesen, hören und verstehen

Dieses Buch enthält 50 Bibeltexte.
Die Texte sind in Leichter Sprache:
Mit kurzen Sätzen und einfachen Wörtern.
Mit nur einer Aussage in jedem Satz.
Die Bibeltexte über Gott und das Leben
verstehen Menschen dadurch besser.

Leichte Sprache ist für Inklusion wichtig.
Deshalb werden beim Kirchentag seit 2012
Bibeltexte in Leichte Sprache übertragen:
Für Teilhabe, Barrierefreiheit und Inklusion.

Für Leichte Sprache gibt es Regeln.
Bei der Übertragung der Bibeltexte
wurde nach diesen Regeln gearbeitet.
Auch das war bei der Übertragung wichtig:
Texte haben besonders kurze Sätze und Wörter.
Damit viele Menschen die Texte aus der Bibel
selbst lesen können.

Die Übertragung der Texte in Leichte Sprache
wurde für erwachsene Menschen gemacht.

Die Texte in Leichter Sprache sind geprüft:
Erst von Menschen mit großem Wissen
über die Bibel und über Religion.
Dann von Menschen mit großem Wissen
über Leichte Sprache.

Gott ist nah. Diese Erfahrung machen
viele Menschen. Bibeltexte erzählen davon.
Gott rettet, tröstet und hilft. Gott ist da.
In Bibeltexten sagen Menschen:

> Wir hoffen auf Gott!
> Damit das Leben anders wird.
> Damit das Reich von Gott beginnt.

Bibeltexte in Leichter Sprache laden Sie ein:
Entdecken Sie vertraute Texte der Bibel neu.
Lesen Sie mit Freude und vielleicht mit Demut
von Menschen, für die Gott wichtig ist.
Die einfache religiöse Sprache überrascht.
Und sie spricht Herz und Seele an.

Vorwort von Dr. Kristin Jahn

Dr. Kristin Jahn leitet den
Deutschen Evangelischen Kirchentag

Eine neue Welt

Als ich das erste Mal im Hörsaal einer Universität saß, habe ich nichts verstanden. Die Wörter der Lehrer sind an mir vorbeigerauscht wie Autos auf der Autobahn. Fachwörter, Fremdwörter. Fremde Welten.

Ich komme aus einer Familie von Landwirten. Mit Wissenschaft und Theologie hatte zu Hause niemand etwas zu tun. Geschweige denn, dass man zu Hause in ewig langen Sätzen gesprochen hat. Mein Großvater hat die Wolken studiert, das Land, die Tiere, den Boden. In meiner Großfamilie war ich die Erste gewesen, die zum Studium gegangen ist, und dann saß ich in der Universität und habe nichts verstanden. Zu Hause konnte mir auch keiner helfen. Ich weiß noch, wie fremd mir alles gewesen ist.

Es gibt sie, die schwere Sprache. Eine Sprache, die vorbeirauscht und Dich draußen im Regen stehen lässt. Und es gibt sie, die leichte Sprache.

Eine Sprache, die Dir das Neue aufschließt und eine neue Welt ans Herz legt. Leicht wie ein Schmetterling, der sich auf Deine Schulter setzt, unverhofft, wie ein Wunder.

Beim Kirchentag setzen sich Jahr um Jahr Menschen hin und übersetzen die Texte der Bibel in Leichte Sprache, damit alle mitfeiern können. Diese Texte erzählen uns eingängig und leicht von Gott. Ein Gott, der uns alle trägt und uns aushält in Verschiedenheit. Ein Gott, der uns zusammendenken kann, allen Missverständnissen zum Trotz.

Bibeltexte in Leichter Sprache gehören zum Kirchentag mittlerweile einfach dazu, Gott sei Dank und Dank all jenen, die Jahr um Jahr die alten Texte übersetzen, damit Gottes Wort einziehen kann in unsere Herzen. Leicht und zart.

Anbei finden Sie Bibeltexte in Leichter Sprache. Sie sind für die Kirchentage der Jahre 2015 bis 2025 entstanden. Eine Schatzkiste.

Vielleicht werden Sie dieses Buch aufschlagen, um hin und wieder nachzuschlagen, wie dieser oder jener Text in Leichte Sprache übersetzt worden ist. Vielleicht nehmen Sie diese Texte mit ins Seelsorgegespräch, in den Gottesdienst, ans Krankenbett, ins Gespräch mit Schülerinnen und Schülern. Ins Gespräch mit Freunden, um ihnen zu erzählen, wie Gott für uns ist.

Gottes Liebe ist leicht. Niemand muss in langen Sätzen von ihm reden. Er sagt: Ich bin, Du bist und Dein Nachbar, der auch. Lasst uns das Leben miteinander versuchen.

Viel Freude mit diesem Gott
und mit diesen Texten wünscht Ihnen

Kristin Jahn
Generalsekretärin des
Deutschen Evangelischen Kirchentages

PS: Und dieses Vorwort ist natürlich nicht in Leichter Sprache geschrieben. Sie müssen und sollen ja auch den Unterschied merken.

Geburtstag

Gute Wünsche

Gott segnet uns.
Immer wieder.

Der Deutsche Evangelische Kirchentag
hat Geburtstag. Er wird 75 Jahre alt.

Zum Geburtstag wünschen wir
dem Kirchentag alles Gute!
Damit sich dort immer neu Menschen treffen:
Und Gott und dem Leben vertrauen.
Und gute Wege für das Leben suchen.
Und den Segen von Gott teilen.

Die Bibeltexte

Schaut hin.

Gott rettet Noah.

1. Buch Mose:

Kapitel 6, Verse 12 bis 22

In Leichte Sprache übertragen für den

Ökumenischen Kirchentag Frankfurt 2021.

Gott schaut auf die Erde.
Alle Menschen sind böse geworden.
Und mit den Menschen die ganze Welt.
Alle Menschen: Außer Noah.

Gott sagt zu Noah:
Die Menschen sind böse geworden.
Ich lasse die bösen Menschen sterben.
Und mit den Menschen die ganze Welt.

Du sollst für dich selbst
ein großes Schiff bauen:
Eine Arche.

Ich habe einen Plan
für den Bau der Arche.
Die Arche muss sehr groß werden.
Sie muss viele Zimmer haben.
Und ein Fenster.
Und eine Tür.
Auch wenn es viel Wasser gibt:
Im Schiff muss es trocken bleiben.

Gott sagt zu Noah:

Ich lasse eine Flut von Wasser kommen.
Alle Menschen ertrinken in der Flut.
Und mit den Menschen die ganze Welt.

Gott sagt zu Noah:

Du aber wirst leben.
Die Arche rettet dich.
Mit dir, Noah, fange ich auf der Erde neu an.

Nimm deine Familie mit in die Arche:
Deine Frau. Und deine Söhne und ihre Frauen.
Nimm auch Tiere mit.
Ganz verschiedene Tiere.
Immer ein Tier männlich und ein Tier weiblich.
Nimm genug zu essen mit:
Für dich und deine Familie und die Tiere.

Was Gott will:
Das tut Noah.

Mit dir fange ich auf der Erde neu an.

Du siehst mich.

Eine junge Frau flieht.
Sie heißt Hagar.

1. Buch Mose:

Kapitel 16, Verse 1 bis 16

In Leichte Sprache übertragen für den Kirchentag Berlin Wittenberg 2017.

Hagar: So heißt eine junge Frau.
Hagar kommt aus dem Ausland.
Nun lebt sie wie ein Sklave.
Sie arbeitet sehr hart. Und sehr viel.
Sie lebt bei Abraham und Sara.
Abraham und Sara sind ein sehr altes Ehe-Paar.

Sara will ein Kind: Einen Jungen.
Aber sie ist schon zu alt dafür.

Da hat Sara eine Idee:
Hagar soll ein Kind für mich kriegen.

Da sagt Sara zu ihrem Mann:
Nimm doch auch Hagar zur Frau.
Habe Sex mit ihr.
Abraham macht das.

Hagar wird schwanger.
Und sie denkt:
Jetzt bekomme ich ein Kind.
Jetzt bin ich mehr wert als Sara.

Hagar ist stolz.

Sara denkt:

Hagar ist doch mein Sklave.

Und sie muss tun, was ich will.

Sarah wird böse.

Da ist Hagar in Not.

Sie weint oft.

Sie will nur noch weg von Sara.

Hagar geht in die Wüste.

Da wartet ein Engel auf Hagar.

Der Engel sagt zu Hagar:

Du gehörst Sara.

Geh zurück.

Bei Sara geht es dir schlecht.

Ertrage das.

Der Engel sagt noch mehr.

Und jetzt spricht der Engel wie Gott:

Hagar! Du kriegst einen Sohn.

Und noch viel mehr Kinder.

So viele wie ein ganzes Volk.

Dein Sohn wird wild sein.

Alle werden sich mit ihm streiten.
Aber er wird als freier Mann leben.
Nenne deinen Sohn Ismael.
Der Name heißt: Gott hört.

Der Engel sagt:
Hagar! Gott hört dein Weinen.

Hagar denkt nach:
Ich bin in Not.
Und ich bin auf der Flucht.
Aber Gott: Du siehst mich.
Das ist schön: Gott sieht mich an.
Das gibt mir Kraft.

Da hat Hagar eine Idee
für einen Namen von Gott.
Der Name heißt: Gott sieht mich an.
Hagar sagt zu Gott:
Du siehst mich.

Hagar geht zurück zu Sara und Abraham.
Hagar kriegt einen Sohn.

Was für ein Vertrauen.

Gott prüft Abraham.

1. Buch Mose:

Kapitel 22, Verse 1 bis 19

In Leichte Sprache übertragen für den

Kirchentag Dortmund 2019.

Gott prüft Abraham.

Gott ruft Abraham.

Abraham sagt:

Hier bin ich.

Und Gott sagt zu Abraham:

Ich habe dir ein Kind geschenkt.

Deinen Sohn Isaak.

Du liebst dein einziges Kind.

Nun gib mir das Kind zurück.

Gehe mit Isaak in die Berge.

Binde Isaak an Holz fest.

Und mache ein großes Feuer.

Und schenke mir dein Kind.

Töte Isaak.

Am nächsten Tag:

Abraham steht früh auf.

Er geht in die Berge.

Er nimmt Isaak mit.

Und zwei Helfer. Und einen Esel.

Der Esel trägt Holz für ein Feuer.

Der Weg ist weit in die Berge.
Sie gehen viele Tage.

Abraham sagt den Helfern:
Bleibt im Tal.
Isaak und ich gehen auf den Berg.
Da beten wir.
Und ich mache Gott ein Geschenk.

Isaak trägt das Holz auf den Berg.
Abraham trägt das Feuer.
Und ein Messer.

Isaak sagt:
Wir beten auf dem Berg.

Isaak fragt:
Was wollen wir Gott schenken?
Ein Schaf? Wo ist ein Schaf?

Abraham sagt:
Gott sorgt für uns.
Es wird ein Schaf da sein.

Der Weg ist lang.
Dann sind sie da.
Abraham will ein großes Feuer machen.

Er bindet Isaak am Holz fest.
Dann nimmt er das Messer.
Er will Isaak töten.
Und Gott das Kind zurück geben.

Da: Eine Stimme.
Ein Bote von Gott ruft aus dem Himmel:
Abraham!

Abraham sagt:
Hier bin ich.

Der Bote von Gott sagt:
Lege das Messer weg!
Du hast Gott vertraut.
Dein Sohn soll leben.

Da sieht Abraham ein Schaf.
Er holt das Schaf.
Und tötet das Schaf: Für Gott.

Und der Bote von Gott ruft:

Abraham!

Du hast Gott vertraut.

Das war gut.

Gott sorgt für dich.

Viele Sterne leuchten am Himmel.

Und viele Kinder wirst du haben.

Gott segnet deine große Familie.

Deine Familie wird ein Segen sein.

Weil du auf Gott vertraust.

Der Bote von Gott sagt:

Lege das Messer weg!

Du siehst mich.

Jakob bittet seinen Bruder: Verzeih mir!

1. Buch Mose:
Kapitel 33, Verse 1 bis 17

In Leichte Sprache übertragen für den Kirchentag Berlin Wittenberg 2017.

Jakob sieht seinen Bruder Esau:
Esau ist noch weit weg.
Und bei ihm sind sehr viele Männer.

Jakob und Esau sind Brüder.
Sie hatten einen großen Streit.
Das ist sehr lange her.
Jetzt ist Jakob reich.

Jakob sieht: Esau ist noch weit weg.
Jakob hat Angst.
Auch Angst um die Familie.
Aber: Er geht zu Esau.
Und verbeugt sich 7 mal.

Esau geht auch auf Jakob zu.
Er nimmt ihn in den Arm.
Und küsst ihn.
Beide freuen sich.
Sie weinen vor Glück.

Jakob sagt:

Schau: Das ist meine Familie.

Und Jakob sagt:

Das sind meine Tiere.

Ich schenke sie dir.

Bitte vergib mir!

Esau sagt:

Behalte die Tiere.

Jakob sagt:

Du siehst mich an:

Ganz freundlich.

So wie Gott einen Menschen ansieht.

Ich möchte dir die Tiere schenken:

Bitte.

Esau nimmt die Tiere.

Und will bei Jakob bleiben.

Und will den gleichen Weg mit ihm gehen.

Doch Jakob sagt:

Geh schon mal vor.

Für Jakob ist nur das wichtig:

Dass Esau ihm verzeiht.

Esau geht nach Hause.

Jakob geht an einen anderen Ort.

Und baut da ein Haus.

Jetzt ist die Zeit.

Josef verzeiht. Denn Gott will das Gute.

1. Buch Mose:
Kapitel 50, Verse 15 bis 21

In Leichte Sprache übertragen für den Kirchentag Nürnberg 2023.

Ein Vater hat sehr viele Söhne:
Josef und seine Brüder.
Die Brüder sind sehr böse zu Josef.

Josef lebt mit Gott.
Er wird ein wichtiger Mann.

Der Vater stirbt.
Die Brüder denken:
Vater hat uns beschützt.
Jetzt ist er tot.
Wir waren böse zu Josef.
Er bestraft uns jetzt.

Die Brüder haben Angst.
Sie gehen zu Josef.
Ein Bruder sagt:
Das war der Wunsch von unserem Vater:
Du verzeihst uns.
Wir waren böse zu dir.
Bitte verzeih uns!

Die Brüder legen sich hin:

Sie liegen vor Josef im Staub.

Sie sagen:

Wir gehören jetzt dir.

Josef hört die Worte.

Josef weint.

Er sagt den Brüdern:

Habt Vertrauen.

Ihr wart böse zu mir.

Doch Gott will das Gute.

Unsere Zeit mit Gott ist da.

Wir alle leben.

Wir werden ein großes Volk.

Vertraut mir.

Ich sorge für euch.

Und für eure Kinder.

Josef ist freundlich.

Er schenkt Mut.

Bitte verzeih.

Du siehst mich.

Mose erlebt:
Gott ist freundlich.

2. Buch Mose:
Kapitel 24, Verse 9 bis 11

In Leichte Sprache übertragen für den Kirchentag Berlin Wittenberg 2017.

Mose geht auf einen Berg.
Wichtige Menschen aus dem Volk Israel
gehen mit.

Oben: Auf dem Berg sehen sie Gott.
Der Boden leuchtet.
So blau.
So klar.
So wie der Himmel.

Gott ist freundlich.
Die Menschen sind auf dem Berg.
Sie sehen Gott.
Ohne Angst.
Dann essen die Menschen.
Und sie trinken.
Zusammen.
Auf dem Berg.

Damit wir klug werden.

Gott gibt König Salomo ein hörendes Herz.

1. Buch Könige:
Kapitel 3, Verse 5 bis 15

In Leichte Sprache übertragen für den Kirchentag Stuttgart 2015.

Es ist Nacht.

König Salomo schläft.

Er hat einen Traum.

Im Traum sprechen Gott und Salomo.

Gott sagt:

Wünsche dir etwas von mir.

Du bekommst es.

Salomo sagt:

Mein Vater war ein guter König.

Er hatte ein gutes Herz.

Er war ehrlich.

Er hatte Gott lieb.

Ich bin sein Sohn.

Jetzt bin ich König.

Ich bin noch sehr jung.

Darum habe ich viele Fragen.

Salomo sagt:

Ich bin jetzt auch Richter.
Ich soll oft entscheiden.
Und sagen:
Das ist gut. Oder das ist schlecht.
Dinge entscheiden ist schwer.
Das will ich richtig machen.
Ich möchte klug sein.
Dann bin ich ein guter König:
Gut für das Volk von Gott.
So wie mein Vater.

Gott sagt:

Wünsche dir etwas.
Du bekommst es.

Salomo sagt:

Gott! Das ist mein Wunsch:
Mach mein Herz anders.
Mit meinem Herz will ich wissen:
Was ist gut? Was ist schlecht?

Salomo sagt:

Mit meinem Herz will ich auf Gott hören.
Mach mich klug.
Lass mich hören.
Dann bin ich ein guter König:
Gut für das Volk von Gott.

Gott freut sich.
Und Gott denkt:
Der Wunsch ist gut!

Gott sagt:

Viele Menschen denken zuerst an sich.
Viele Menschen wollen gesund sein.
Viele Menschen wollen Geld.
Viele Menschen wollen Böses für Feinde.
Du Salomo bist anders.
Du willst nur das Wort von Gott besser hören.
Dann kannst du besser sagen:
Das ist gut. Oder das ist schlecht.

Gott sagt:

Dein Wunsch wird erfüllt.
Du wirst hören.
Du wirst sehr klug.
Mit dem Herz wirst du wissen.
Du erkennst:
Das ist gut.
Oder du erkennst:
Das ist schlecht.
Du bist klug.
Und dein Herz ist gut.
Du bist gut als König.

Gott sagt:

Aber du bekommst noch mehr.
Noch sehr viel mehr.
Geld ist für dich wenig wichtig.
Aber du bekommst viel Geld.
Du wirst sehr reich.

Gott sagt:

Gesund sein ist für dich wenig wichtig.

Aber du wirst gesund sein.

Du wirst sehr alt werden:

Wenn du die Gesetze von Gott gut findest.

Und dann wird Salomo wach.

Er hatte einen Traum!

Und im Traum hat Gott mit ihm gesprochen.

Später geht Salomo in die Stadt.

Die Stadt heißt Jerusalem.

Er geht in den Tempel.

Das ist das Haus von Gott.

Dann sagt Salomo: Danke Gott!

Und er lädt zu einem großen Fest ein.

Was für ein Vertrauen.

In der Not: König Hiskia vertraut Gott.

2. Buch Könige: Kapitel 18, Vers 9
und die Erzählung von König Hiskia

In Leichte Sprache übertragen für den Kirchentag Dortmund 2019.

Der Mann Hiskia ist ein König.
König von Israel.
Und den Menschen geht es gut.

Hiskia wohnt in Jerusalem.
Er will ein guter König sein.
Er vertraut auf Gott.
Und auch das Volk vertraut auf Gott.
Den Menschen geht es gut:
Viele Jahre lang.
Es gibt Frieden.
Die Menschen haben Arbeit.
Und sie feiern.
Sie leben gut.
Hiskia ist zufrieden.

Doch dann gibt es Krieg.
Ein anderer König kommt.
Der hat viele Soldaten.

Die Menschen haben Angst.
Sie fragen sich:
Worauf kann ich vertrauen?

Auch Hiskia hat Angst.
Er denkt an Gott.
Und fragt sich:
Wie kann ich Gott vertrauen?

Hiskia vertraut.
Und bleibt in Jerusalem.

Ein Bote geht zu Hiskia.
Und er sagt:
Ich komme vom anderen König.
Der ist sehr mächtig.
Der gewinnt den Krieg.
Du aber verlierst den Krieg.
Aber trotzdem bleibst Du in Jerusalem.
Ich staune. Und ich bin überrascht.
Du traust Dich ja was.
Was für ein Vertrauen hast Du?
Auf was verlässt Du Dich?
Wo nimmst Du Dein Vertrauen her?

Das alles sagt der Bote.
Dann geht er.

Hiskia hat Angst. Er zittert.
Er denkt voll Angst:
Alles ist verloren.

Da kommt ein Mann zu Hiskia.
Der heißt Jesaja.
Der Mann ist klug.
Denn Gott redet mit ihm.
Jesaja sagt:
Der andere König wird verlieren.

Am nächsten Tag:
Der andere König ist weg.
Die Soldaten sind weg.
Hiskia wundert sich.
Er spürt:
Die Angst geht weg.
Gott hilft mir.
Ich kann Gott vertrauen.

Was für ein Vertrauen.

Das erlaubt Gott:
Hiob wird sehr krank.

Das Buch Hiob:

Kapitel 2, Verse 7 bis 13

In Leichte Sprache übertragen für den Kirchentag Dortmund 2019.

Das erlaubt Gott:
Ein Mann wird sehr krank.
Der Mann heißt Hiob.
Gott hat die Krankheit erlaubt.
Jetzt ist Hiob krank.
Hiob hat Wunden am ganzen Körper:
Vom Kopf bis zu den Füßen.

Hiob hat große Schmerzen.
Immer wieder fasst er die Wunden an.
Hiob geht es schlecht.
Er liegt auf der Erde: Im Dreck.

Die Frau von Hiob fragt ihren Mann:
Warum hast du noch Vertrauen zu Gott?

Die Frau sagt:
Du bist Gott treu.
Aber: Jetzt bist du sehr krank.
Nur weil Gott das erlaubt hat:
Deshalb bist du jetzt sehr krank.
Zeige die Wut auf Gott.
Und dann musst du sterben.

Hiob sagt zur Frau:

Denke über Vertrauen nach.
Dann lass uns reden.
Dann verstehst Du vielleicht.

Hiob sagt:

Ich habe Vertrauen zu Gott!
Wir nehmen das Gute.
Denn das Gute kommt von Gott.
Und dann nehmen wir auch das Schlechte.
Denn auch das Schlechte kommt von Gott.
Ich bin Gott treu.

Freunde von Hiob kommen.
Und die Trauer ist sehr groß.
Denn Hiob geht es schlecht.
Alle sehen die Wunden.
Und das Leid.
Und den Schmerz.
Die Freunde weinen.
Und schreien die Trauer heraus.

Hiob sitzt auf dem Boden.

Die 3 Freunde setzen sich dazu.

Sie sitzen nah bei Hiob.

Alle werden still.

Alle schweigen eine ganze Woche.

Die Freunde denken an Hiob.

Und die Wunden.

Und das Leid.

Und den Schmerz.

Die Trauer ist sehr groß.

Eine ganze Woche sind die Freunde da.

Und sie teilen mit Hiob:

Die Tage und die Nächte.

Den Schmerz und die Trauer.

Damit wir klug werden.

Gott nah sein:

Das ist gut.

Psalm 1

In Leichte Sprache übertragen für den Kirchentag Stuttgart 2015.

Gott nah sein: Das ist gut.

Glücklich ist der Mensch in der Nähe von Gott.

Das ist schlecht:

Von Gott weit weg sein.

Manche Menschen sind von Gott weit weg.

Menschen, die über Gott lachen.

Menschen, die böses tun.

Menschen ,die schlecht reden.

Gott nah sein:

Das ist Liebe zum Gesetz.

Das ist gut:

Mit Freude über die Worte von Gott reden.

Und an die Gesetze von Gott denken.

Am Tag und in der Nacht.

Gott nah sein:

Das ist gutes Leben.

Wie bei einem Baum.

Wenn der Baum nah am Fluss steht.

Der Baum bekommt Wasser. Und lebt.

Die Blätter sind grün.

Jedes Jahr gibt es viele Früchte.

Nah am Wasser: Da ist es gut für den Baum.
Nah bei Gott: Da ist es gut für den Menschen.

Das ist schlecht:
Von Gott weit weg sein.
Denn Gott ist auch Richter.
Denke an die Gesetze von Gott.

Gott nah sein:
Das ist gut.
Das ist Liebe zum Gesetz.
Das ist gutes Leben.
Glücklich ist der Mensch in der Nähe von Gott.

Glücklich ist der Mensch
in der Nähe von Gott.

Was für ein Vertrauen.

Wie ein Hirte sorgt Gott für mich.

Psalm 23

In Leichte Sprache übertragen für den Kirchentag Dortmund 2019.

Gott ist bei mir.
Ich vertraue Gott.

Gott sorgt für mich.
Gott ist wie ein Hirte.
Von allem habe ich genug.
Ich vertraue Gott.

Gott hat einen Platz für mich:
Da liege ich im grünen Gras.
Ich habe frisches Wasser.
Mir geht es gut.

Gott gibt meinem Atem Kraft:
Ich lebe. Ich freue mich.
Gott zeigt mir den guten Weg.
Ich traue mich den Weg zu gehen.

Und wenn mein Weg dunkel ist:
Wenn ich Angst habe.
Oder bei Not und Gefahr.
Du Gott:
Dann habe ich Vertrauen.
Dann habe ich Mut.

Was auch geschieht:
Du, Gott, bist bei mir.
Du, Gott, gibst mir Schutz und Trost.

Gott lädt mich ein.
Ich bin willkommen.

Wer mir Böses wünscht, sieht:
Ich bin ein Gast bei Gott.

Ich bin willkommen.
Gott berührt mich:
Der Segen von Gott schenkt mir Würde.

Es gibt das beste Essen.
Und genug zu trinken.

Jeden Tag erlebe ich Gutes.
Liebe ist mit mir.
Und bei Gott bin ich zuhause.
Ich vertraue Gott.
Heute.
Morgen.
Immer.

Gott gibt meinem Atem Kraft.

mutig – stark – beherzt

Mit deinem Herz vertraue Gott.

Psalm 27

In Leichte Sprache übertragen für den Kirchentag Hannover 2025.

Gott ist das Licht
in meinem Leben.
Gott ist mein Glück:
Deshalb lebe ich mutig.
Gott schützt mich.

Menschen wollen mir schaden:
Mit bösem Tun.
Mit Gewalt im Krieg.
Doch ich bin mutig.
Ich vertraue weiter auf Gott.

Ich habe einen Wunsch.
Immer will ich bei Gott sein:
Mein ganzes Leben lang.
Ich will im Haus von Gott sein:
Weil Gott freundlich ist.
Weil es mit Gott schön ist.

Bei Gefahr bin ich geschützt.
Wenn die Feinde kommen:
Dann versteckt mich Gott.
Im Haus von Gott bin ich sicher.
Das Böse bleibt draußen.
Meine Feinde verlieren.

Gott hört meine Freude!
Ich singe und mache Musik.
Das ist mein Geschenk an Gott.
Ich lobe Gott.
Und ich danke Gott.

Laut rufe ich:
Gott, höre mein Gebet.
Sei freundlich mit mir.
Sprich mit mir.

Früher hörte ich deine Worte.
Du, Gott, hast gesagt: Sucht mich.
Mein Herz schlägt.
Jetzt suche ich dich.
Ich suche deine Nähe.

Gott: Wo bist du?
Lass dich finden.
Lass mich dir nah sein.

Ich bitte dich so sehr:
Rette mich.
Mache mich frei.
Und bleibe bei mir.
Denn Vater und Mutter verlassen mich.
Doch du, Gott, bist anders.
Zu dir kann ich immer kommen.

Ich lebe nach deinen Regeln.
Und ich will gerecht handeln.

Noch lügen die Feinde.
Und wollen Gewalt.
Schütze mich vor den Feinden.

Gott: Durch dich lebe ich.
Denn du bist freundlich.
Dir vertraue ich mein ganzes Leben lang.

Hoffe auf Gott.
Habe Mut.
Sei stark.
Mit deinem Herz vertraue Gott.

Jetzt ist die Zeit.

Wenn ich Angst habe:
Gott ist bei mir.

Psalm 31:

Verse 15 bis 25

In Leichte Sprache übertragen für den Kirchentag Nürnberg 2023.

Du bist mein Gott.
Ich vertraue dir.
Mein Leben gehört dir.
Meine Zeit gehört dir.
Du zeigst dich mit deiner Liebe.
Und ich diene dir.

Gott: Meine Not ist groß!
Hilf mir! Jetzt!
Rette mich vor den Feinden.
Sie sprechen böse über mich.
Ihre Sprache ist wie Gewalt.
Die Feinde erzählen Lügen.
Sie zerstören mein Leben.

Die Feinde sollen still sein.
Sie sollen tot sein.
Gott: Bringe du Gerechtigkeit.
Meine Not ist groß.
Rette mich.

Gott: Ich danke dir.
Ich vertraue nur dir.
Du bist mir nah.
Deine Nähe ist mein Schutz.

Gott, ich hatte Angst:
Dass du mich allein lässt.
Ich erinnere mich:
Laut habe ich dich gerufen.
Das war mein Schrei in der Not.
Du hast mich gehört!
Du hörst mich immer.

Gott gibt uns Mut!
Seid stark.
Vertraut Gott!

Gott: Bringe du Gerechtigkeit.

Damit wir klug werden.

An den Tod denken:

Und klug werden.

Psalm 90

In Leichte Sprache übertragen für den Kirchentag Stuttgart 2015.

Du, Gott, bist immer.
Das Leben von uns Menschen ist kurz.
Wir hoffen auf ein Leben mit Gott.

Zu Gott können wir gehen.
Bei Gott ist Platz für uns. Immer.
Ein Platz für uns:
Bei Not und in Gefahr.

Schon immer ist bei Gott ein Platz.
Das war bei unseren Eltern so.
Und auch bei den Eltern von den Eltern.
Schon immer ist Gott da.

Wenn Gott sagt:
  Ein Leben ist zu Ende.
Dann ist ein Leben zu Ende.
Dann stirbt ein Mensch.

Und wenn Gott sagt:
  Ein Leben fängt neu an.
Dann fängt ein Leben neu an.
Dann wird ein Mensch geboren.

Vor dem Zorn von Gott haben wir Angst.
Denn Gott kennt uns.
Denn Gott sieht unsere Fehler.

Wenn Gott Zorn hat:
Dann ist das Leben wenig.
Dann sind nur leise Stimmen da.
Dann kommt der Tod.

Gott ist immer da.
Manche Menschen werden alt.
Und das Leben ist viel Arbeit und Mühe.

Manche Menschen werden sehr, sehr alt.
Wir Menschen zählen die Jahre.
Und das Leben ist kurz.
Auch wenn ein Mensch sehr alt wird.

Ist Gott wirklich voll Zorn?
Wir Menschen sind Gott doch wichtig!
Gott: Wir werden sterben.

Denn das Leben der Menschen ist kurz.
Wir bitten Dich: Erinnere uns daran.
Lass uns an den Tod denken.
Damit wir klug werden.

Gott sieht uns.
Gott verzichtet auf Zorn.
Was für eine Freude!
Gott ist gut zu uns.

Jeden Morgen gibt Gott uns Liebe.
Und wir sind fröhlich.

Für jeden Tag mit Angst:
Da gibt Gott Freude.
Für jedes Jahr mit Not:
Da gibt Gott Glück.
Gott hat Kraft und Macht.
Gott ist gut zu uns.
Deshalb: Was wir tun, wird gut.

Schaut hin.

Gott:

Öffne mir die Augen.

Psalm 119:

Verse 10 bis 18

In Leichte Sprache übertragen für den

Ökumenischen Kirchentag Frankfurt 2021.

Gott: Dich will ich mit meinem Herzen erkennen.
Was mir deine Gebote sagen:
Das will ich wirklich tun.

Gott: Ich will das Richtige tun.
Was mir deine Worte sagen:
Das will ich verstehen.

Gott: Ich lobe dich.
Was mir deine Gesetze sagen:
Das lehre mich.

Gott: Von dir erzähle ich.
Was mir deine Worte über das Recht sagen:
Das sage ich weiter.

Gott: Du hast mich reich gemacht.
Was mir deine Worte sagen:
Das freut mich auch.

Gott: Ich sehe auf deinen Weg.
Was mir deine Befehle sagen:
Das bringt mich zum Nachdenken.

Gott: Ich freue mich über deine Worte.
Was mir deine Gesetze sagen:
Das merke ich mir.

Gott: Du lässt mich leben.
Was mir deine Worte sagen:
Das tue ich.

Gott: Öffne mir die Augen.
Was mir Worte über deine großen Taten sagen:
Das finde ich wunderbar.

Gott: Ich will das Richtige tun.

Was mir deine Worte sagen:

Das will ich verstehen.

Morgens. Mittags. Abends. Nachts.

Beten mit dem Psalm vom Kirchentag.

Auf Seite 63 steht der Bibeltext.

Im Jahr 2025 ist wieder Kirchentag in Hannover.

Auf Seite 203 steht der Bibeltext zur Losung.

© Foto: HMTG Lars Gerhardts

Nachdenken über einen Bibeltext:

Eine Bibelarbeit in Leichter Sprache.

Auf Seite 35 steht der Text dazu.

zur
Bibelarbeit in Leichter Sprache

Das Abendmahl als Feier:

Ein inklusives Fest in Leichter Sprache.

Auf Seite 195 steht der Bibeltext vom Fest.

Du siehst mich.

Gott hat mich

gemacht.

Und kennt mich.

Psalm 139

In Leichte Sprache übertragen für den

Kirchentag Berlin Wittenberg 2017.

Du, Gott: Du kennst mich.
Wenn ich sitze oder liege:
Du, Gott: Du kennst meine Gedanken.
Wenn ich unterwegs bin:
Du, Gott: Du kennst mein Ziel.
Wenn ich etwas sagen will:
Du, Gott: Du kennst meine Worte.

All das ist für mich ein Wunder.
Du, Gott: Du weißt alles.
Und schützt mich.

Manchmal denke ich:
Ich will weit weg sein.
Weit weg von Gott.
Aber du Gott bist überall.

Hoch über der Erde.
Und tief unter der Erde.
Du, Gott: Du bist da.
Am weit entfernten Meer.
Und am Rand der Welt.
Du, Gott: Du bist da.

Im Körper von meiner Mutter:
Da wurde ich zu einem Menschen.
Zu einem Menschen mit Gefühlen.

Du, Gott: Du hast mich gemacht.
Das ist gut.
Du hast alle Dinge gut gemacht.
Dafür danke ich dir, Gott.

Du, Gott: Du weißt so viel.
So viel mehr als alle Menschen.

Du, Gott: Du bist so anders als wir Menschen.
Aber trotzdem bist du den Menschen nah.
Du, Gott: Und ich bin dir nah.

Ich will in Frieden leben:
Beschützt von dir, Gott.

Das ist meine Klage:
Da sind die Feinde.

Die Feinde wollen wenig wissen von dir, Gott.
Die Feinde reden schlecht von dir, Gott.
Und sie hassen andere Menschen.
Und sie sind voller Gewalt
zu anderen Menschen.
Dann ist die Not groß.

Du Gott: Die Feinde hassen dich.
Und darum hasse ich diese Menschen.
Das tue ich wirklich.

Du Gott: Ich bin dir treu.
Prüfe mich.
Lasse mich Gutes tun.
Sei immer bei mir.

mutig – stark – beherzt

Mutig leben: Und jeder Tag ist ein Fest.

Buch der Sprüche:

Kapitel 15, Verse 13 bis 17

In Leichte Sprache übertragen für den Kirchentag Hannover 2025.

Wenn ein Mensch mit Freude lebt:
Dann lacht er gerne.
Wenn ein Mensch traurig ist:
Dann ist er wenig mutig.

Wenn ein Mensch klug ist:
Dann will er das Leben verstehen.

Wenn ein Mensch traurig ist:
Dann sind die Tage voller Mühe.
Wenn ein Mensch mutig lebt:
Dann ist jeder Tag wie ein Fest.

So lebt mancher Mensch:
Reich und mit Angst.
Das ist besser:
Wenig haben. Und mit Respekt vor Gott leben.

So lebt mancher Mensch:
Mit sehr teurem Essen.
Und dem Gefühl von Hass.
Das ist ein besseres Leben:
Mit einfachem Essen.
Und einem Herz voller Liebe.

Jetzt ist die Zeit.

Für alles
gibt es eine Zeit.

Buch Prediger:

Kapitel 3, Verse 1 bis 8

In Leichte Sprache übertragen für den

Kirchentag Nürnberg 2023.

Ganz viel geschieht im Leben von Menschen.

Die Menschen tun viel.

Und Gott tut viel.

Und für alles gibt es eine Zeit:

Es gibt eine Zeit für die Geburt.
Und es gibt eine Zeit für das Sterben.

Es gibt eine Zeit zum Töten.
Und es gibt eine Zeit zum Heilen.

Es gibt eine Zeit zum Weinen.
Und es gibt eine Zeit zum Lachen.

Es gibt eine Zeit zum Trauern.
Und es gibt eine Zeit zum Tanzen.

Es gibt eine Zeit zum Schweigen.
Und es gibt eine Zeit zum Reden.

Es gibt eine Zeit zum Lieben.
Und es gibt eine Zeit zum Hassen.

Es gibt eine Zeit für Krieg.
Und es gibt eine Zeit für Frieden.

Damit wir klug werden.

Arbeit macht nur manchmal Spaß.

Buch Prediger:

Kapitel 3, Verse 9 bis 13

In Leichte Sprache übertragen für den Kirchentag Stuttgart 2015.

Der Mensch gibt sich Mühe.
Immer wieder.
Er macht seine Arbeit.
Mal so und mal anders.
Es geht ihm dabei schlecht.
Nur wenn der Mensch das Ziel kennt,
dann lohnt sich die Mühe.

Ich sehe die Arbeit.
Der Mensch hat die Arbeit von Gott bekommen.
Arbeiten: Das ist die Aufgabe.
Arbeit macht nur manchmal Spaß.
Das will Gott so.
Macht eure Arbeit!

Gott hat die Welt gemacht.
Gott hat die Welt schön gemacht.
Gott schenkt den Menschen die Ewigkeit.
Die Ewigkeit ist eine sehr lange Zeit.
Die Zeit ist sehr lang.
Die Zeit ist länger als alles,
was wir kennen.

Die Ewigkeit ist viel länger
als das Leben aller Menschen.
In unserem Herzen wissen wir das.

Den Anfang von der Welt kennt nur Gott.
Das Ende von der Welt kennt nur Gott.
Das ist gut so.

Ich kann Gutes tun.
Ich kann fröhlich sein.
Ich habe Arbeit und Mühe.
Das will Gott so.
Ich bin zufrieden.
Ich habe Glück in meinem Leben.

Ich esse und ich trinke.
Ich freue mich auf die Zukunft.
Das tut mir gut.
Das macht mich glücklich.
Die Mühe bleibt in meinem Leben.
Aber das Glück kommt dazu.
Das ist ein Geschenk von Gott an uns.

Gott schenkt den Menschen
die Ewigkeit.

Jetzt ist die Zeit.

Gott wird mich retten.

Buch Jesaja:

Kapitel 49, Verse 8 bis 10

In Leichte Sprache übertragen für den Kirchentag Nürnberg 2023.

Gott sagt:
Ich höre dich.
Wenn die Zeit gekommen ist:
Dann rette ich dich.
Dann schütze ich dich mit meiner Liebe.

Ich verspreche dir:
Du gehörst zu mir.
Ich bin dein Gott.
Und ich bin für dich da.

Ich verspreche dir:
Ihr dürft zurück in eure alte Heimat.
Ihr werdet ein Volk.
Ihr sagt den Menschen im Gefängnis:
Ihr seid jetzt frei. Geht ins Licht.
Ich sorge gut für die Menschen.
Es gibt genug zum Essen.
Es gibt genug zum Trinken.

Den Menschen geht es gut.
Und wenn die Sonne scheint.
Und wenn es sehr heiß ist.
Dann zeige ich den Weg zu frischem Wasser.

Schaut hin.

Gott ist für uns da.

Buch Jesaja:

Kapitel 51, Verse 1 bis 5

In Leichte Sprache übertragen für den

Ökumenischen Kirchentag Frankfurt 2021.

Hört hin!
Gott spricht zu euch:
Ihr sucht Gerechtigkeit.
Und ihr sucht mich.
Denn ich habe euch erschaffen:
Und ihr seid wichtig für mich.

Schaut hin!
Gott erinnert euch:
Denkt an Abraham und Sara.
Die waren allein: **Ohne** Kinder.
Dann gab ich meinen Segen.
Ich gab ihnen viele Kinder.
Und den Kindern neue Kinder.

Und ihr seid jetzt traurig:
Weil die Heimat Jerusalem weit weg ist.
Und weil der Tempel zerstört ist.
Weil das Haus von Gott zerstört ist.

Ich tröste euch!
Und ich verspreche:
Wo jetzt alles zerstört ist.
Wo jetzt eine Wüste ist.
Da wird ein schöner Garten wachsen.

Da gibt es ein neues Paradies.
Dann freut ihr euch:
Aus Dank singt ihr Lieder.

Hört hin!
Gott spricht zu euch:
Ich bringe mein Recht zu allen Menschen.
Meine Gerechtigkeit kommt.
Ich allein rette die Menschen.
Darauf hoffen Menschen
auf der ganzen Welt.

Ihr sucht Gerechtigkeit.

mutig – stark – beherzt

Sucht in der Stadt das Gute.

Buch Jeremia:

Kapitel 29, Verse 1 bis 14

In Leichte Sprache übertragen für den Kirchentag Hannover 2025.

Gott spricht zu einem Mann.
Der Mann lebt in Jerusalem.
Er heißt Jeremia.
Er schreibt die Worte von Gott auf:
In einem Brief.
Der Brief ist für Menschen
in der Stadt Babel.

So spricht Gott:
Erst habt ihr in Jerusalem gelebt.
Dann kam ein Krieg.
Ihr habt den Krieg verloren.
Jetzt müsst ihr in Babel leben.
Ich weiß:
Ihr wollt zurück in die Heimat.

So spricht Gott:
Ihr lebt jetzt in der Stadt Babel.
Baut dort Häuser!
Und wohnt darin.
Pflanzt dort Gärten!
Und lebt von der Ernte.
Heiratet dort!
Und bekommt viele Kinder.

So spricht Gott:

Sucht in der Stadt das Gute.
Schafft in der Stadt das Gute.
Dann geht es der Stadt gut.
Und dann geht es euch gut.
Betet für Frieden in der Stadt.
Damit auch ihr in Frieden lebt.

So spricht Gott:

Manche Menschen sagen euch:
Ihr dürft schon bald zurück in die Heimat.
Diese Menschen lügen euch an!

Ihr lebt in der Fremde.
Und ihr sterbt in der Fremde.
Eure Kinder leben in der Fremde.
Und sie sterben in der Fremde.
Erst in 70 Jahren
dürft ihr zurück nach Jerusalem.
Ich will das so.

So spricht Gott:

Vertraut mir.
Erkennt die Wahrheit.
Ich gebe euch Frieden.
Ich gebe euch Zukunft und Hoffnung.

Ich höre eure Gebete.
Ruft mich und betet.
Sucht mich mit ganzem Herzen.
Ich lasse mich finden.
Ich helfe euch.

Ich bringe euch wieder zusammen:
In Jerusalem.

Damit wir klug werden.

Gott verändert die Welt. Aber wann?

Evangelium nach Matthäus:

Kapitel 25, Verse 1 bis 13

In Leichte Sprache übertragen für den Kirchentag Stuttgart 2015.

Jesus weiß:

Gott verändert die Welt.

Aber wie wird das sein?

Wann wird das sein?

Jesus erzählt diese Geschichte:

Stellt euch eine Hochzeit vor:

Ein Mann und eine Frau heiraten.

Aber **keiner** weiß, wann der Mann kommt.

Alle anderen Gäste sind schon da.

Alle müssen auf den Mann warten.

Da sind auch 10 Mädchen.

Sie wollen den Mann begrüßen.

Und dann wollen sie mit ihm feiern.

Aber sie müssen auch warten.

Sie haben Lampen dabei.

Wenn es dunkel wird:

Dann können sie damit etwas sehen.

Es sind Öllampen.
Wenn sie Öl haben, leuchten sie.
Wenn das Öl zu Ende ist,
dann gehen die Lampen aus.

Die 10 Mädchen gehen los.
5 Mädchen haben nur das Öl in der Lampe.
Diese Lampen gehen schnell aus.
Die anderen 5 Mädchen sind klug.
Sie haben Öl in der Lampe.
Und sie haben auch noch Öl dabei.
Ihre Lampen werden länger brennen.

Alle Mädchen müssen lange warten.
Sie werden müde.
Sie schlafen ein.

In der Nacht wird es laut.
Die anderen Gäste sagen:
Der Mann kommt.
Er will heiraten.
Begrüßt ihn.

Die 10 Mädchen stehen auf.
Sie nehmen ihre Lampen.
Alle Lampen brennen nur noch ganz wenig.
Alle Lampen brauchen Öl.

Aber: 5 Mädchen haben **kein** Öl mehr.
Sie sagen zu den klugen Mädchen:
Gebt uns Öl.
Die Lampen gehen aus.

Die klugen Mädchen sagen:
Nein. Das Öl reicht nur für uns.
Ihr müsst euch Öl kaufen.
Die 5 anderen Mädchen gehen los.
Sie kaufen Öl und sind weg.

Da kommt der Mann. Er will heiraten.
Die 5 klugen Mädchen begrüßen ihn.
Ihre Lampen brennen.
Sie haben genug Öl in ihren Lampen.
Sie gehen mit ihm zur Feier.
Dann wird die Tür zugemacht.

Dann kommen die anderen 5 Mädchen zurück.

Sie klopfen an die Tür.

Sie sagen:

Mach uns die Tür auf.

Aber der Mann sagt:

Wer seid ihr?

Jesus sagt:

So ist das.

Gott ändert die Welt.

Irgendwann.

Bleibt wach!

Gott verändert die Welt.

Wie wird das sein?

Wann wird das sein?

mutig – stark – beherzt

Das Grab ist leer.
Jesus gibt Frauen Mut.

Evangelium nach Matthäus:
Kapitel 28, Verse 1 bis 10

In Leichte Sprache übertragen für den Kirchentag Hannover 2025.

Die neue Woche fängt an.
Alle denken:
Jesus ist tot.

Jesus ist in einem Grab.
Zwei Frauen gehen zum Grab.
Beide heißen Maria.

Die Frauen gehen zum Grab.
Am Grab geschieht es dann:
Es wird sehr laut.
Und die Erde bewegt sich.
Dann kommt ein Bote von Gott.

Der Bote von Gott ist hell wie Licht.
Und die Kleidung ist weiß wie Schnee.
Der Bote macht das Grab auf.
Und setzt sich hin.

Am Grab sind auch Soldaten.
Die passen dort auf.
Jetzt haben sie große Angst.
Sie zittern.
Dann sind sie so wie tot.

Dann sagt der Bote von Gott den Frauen:

Habt Mut!

Ich weiß: Ihr sucht Jesus.

Und ihr denkt: Jesus ist tot.

Doch Jesus lebt wieder.

Er ist auferstanden.

So wie Jesus es euch sagte.

Kommt! Seht: Das Grab ist leer.

Und der Bote von Gott sagt:

Jetzt geht schnell.

Geht zu den Freunden von Jesus.

Sagt es den Männern und Frauen:

Jesus lebt.

Geht dann alle zum Ort Galiläa.

Dort ist Jesus.

Die Frauen haben Angst.

Und sie freuen sich auch sehr:

Denn Jesus lebt.

Schnell gehen die Frauen los.

Den Freunden von Jesus

wollen sie alles erzählen:

Den Männern. Den Frauen. Allen.

Auf dem Weg treffen die Frauen Jesus.

Jesus grüßt sie.

Die Frauen knien vor Jesus.

Sie fassen seine Füße an.

Und Jesus sagt:

Habt Mut!

Geht zu den Freunden:

Die sind für mich wie Geschwister.

Sie sollen nach Galiläa gehen.

Dort sehen sie mich.

Jetzt ist die Zeit.

Lebe anders.

Versuche,

Gott nah zu sein.

Evangelium nach Markus:

Kapitel 1, Verse 14 bis 15

In Leichte Sprache übertragen für den

Kirchentag Nürnberg 2023.

Jesus erzählt den Menschen von Gott.

Jesus sagt:

Jetzt ist die Zeit.
Jetzt ist die Zeit von Gott.

Das ist eine gute Nachricht:
Bald beginnt das Reich von Gott.
Freue dich auf das Reich von Gott.
Denn Gott ist freundlich.
Und Gott ist gerecht.

Frage dich selbst:
Wie kann ich Gott nahe sein?
Prüfe dich.
Lebe jetzt anders:
Versuche, Gott ganz nah zu sein.
Glaube an die gute Nachricht:
Bald beginnt das Reich von Gott.

Schaut hin.

Ein Wunder:
Genug zu essen
für alle.

Evangelium nach Markus:

Kapitel 6, Verse 35 bis 44

In Leichte Sprache übertragen für den Ökumenischen Kirchentag Frankfurt 2021.

Es ist Abend.
Da ist Jesus.
Und da sind die Freunde von Jesus.
Die Freunde sind Frauen und Männer.
Und da sind viele andere Menschen.

Die Freunde sagen zu Jesus:
Es ist spät.
Alle haben Hunger.
Die Menschen müssen Essen kaufen.
Sie sollen in die Dörfer gehen.
Dort können sie Essen kaufen.

Jesus sagt zu den Freunden:
Gebt ihr den Menschen zu essen.
Schaut hin:
Was haben die Menschen dabei?

So machen es die Freunde.
Sie kommen zurück.
Sie sagen zu Jesus:
Die Menschen haben 5 Brote und 2 Fische.

Jesus sagt zu den Menschen:

Setzt euch auf die Wiese.
Es ist genug Essen für alle da.

Alle setzen sich in Gruppen auf die Wiese.

Jesus nimmt die 5 Brote und die 2 Fische.
Jesus schaut zum Himmel.
Jesus dankt Gott für Brote und Fische.
Jesus teilt die Brote.

Die Freunde von Jesus verteilen Brote und Fische.
Die vielen Menschen essen.
Alle werden satt.

Es bleibt noch Brot übrig.
Und Fisch.
Die Freunde sammeln die Reste ein.
Die Reste machen 12 Körbe voll.

Schaut hin:

Was haben die Menschen dabei?

mutig – stark – beherzt

Eine mutige Frau bittet Jesus um Hilfe.

Evangelium nach Markus:
Kapitel 7, Verse 24 bis 30

In Leichte Sprache übertragen für den Kirchentag Hannover 2025.

Jesus geht los.
Er geht in eine andere Stadt.
Die Stadt heißt Tyrus.
Tyrus ist in einem anderen Land.
Er geht in ein Haus.
Er will allein sein.
Jesus braucht Zeit für sich.
Doch bald wissen viele Menschen:
Jesus ist da.

Eine Frau hört: Jesus ist da.
Die Tochter der Frau ist krank.
Das macht der Frau Angst.
Sie braucht Hilfe.
Die Frau ist mutig:
Sie geht zu dem Fremden.
Sie geht zu Jesus.
Sie kniet vor ihm.

Die Frau sagt zu Jesus:
Du kannst heilen.
Hilf meiner Tochter.

Jesus sagt zu der Frau:

Brot ist zuerst für unsere Kinder.

Alle anderen Kinder sind wie Hunde.

Und Hunde sollen **kein** Brot fressen.

Die Frau sagt zu Jesus:

Es fallen immer Krümel vom Tisch.

Die fressen die Hunde.

Davon werden die Hunde satt.

Jesus sagt:

Du hast recht.

Ich helfe deinem Kind.

Geh nach Hause.

Deine Tochter ist gesund.

Die Frau geht nach Hause.

Und es ist so:

Ihre Tochter ist gesund.

Die Frau ist mutig:

Sie geht zu dem Fremden.

Was für ein Vertrauen.

Erzählt es allen:

Der Tod hat verloren!

Evangelium nach Markus:
Kapitel 16, Verse 14 bis 15

In Leichte Sprache übertragen für den Kirchentag Dortmund 2019.

Die Freunde von Jesus treffen sich.

Sie fragen:

Was wird aus uns?

Jesus ist tot.

Gott ist für uns weit weg.

Was wird aus uns?

Und dann: Jesus steht im Raum.

Alle sehen ihn.

Jesus ärgert sich.

Jesus sagt:

Wo ist euer Glaube? Wo ist euer Vertrauen?

Ich lebe.

Anders als vorher.

Aber ich lebe.

Geht los! Erzählt es allen:

Den Menschen. Und den Tieren.

Der ganzen Welt.

Es ist eine gute Nachricht:

Der Tod hat verloren.

Ich lebe.

Gott ist da.

Du siehst mich.

Maria sieht:
Gott ändert alles.

Evangelium nach Lukas:

Kapitel 1, Verse 39 bis 56

In Leichte Sprache übertragen für den Kirchentag Berlin Wittenberg 2017.

Maria geht in eine Stadt.
Dort leben Elisabeth und Zacharias.

Elisabeth ist schwanger.
Sie kriegt ein Kind.
Elisabeth hört die Stimme von Maria.
Da bewegt sich das Kind
im Bauch von Elisabeth.
Das Kind freut sich.

Elisabeth fühlt: Gott ist nah.
Sie ruft zu Maria:

Gott ist nah bei dir.
Du kriegst auch ein Kind.
Gott ist nah bei dem Kind.

Du besuchst mich.
Das ist eine Ehre.
Dein Kind ist mein Retter.

Elisabeth sagt zu Maria:

Ich höre deine Stimme.
Da bewegt sich das Kind in meinem Bauch.
Das Kind freut sich.

Elisabeth sagt:

Das ist gut.
Du hast Gott geglaubt.
Verlasse dich auf Gott.

Maria sagt:

Gott ist groß.
Das weiß ich genau.
Gott rettet mich.
Ich freue mich.

Die Menschen haben zu mir gesagt:
Maria, du bist wenig wert.
Doch Gott hat mich angesehen.
Jetzt loben mich alle Menschen.
Hier und überall.
Jetzt und immer.

Gott ändert alles.
Ich bin jetzt anders.
Das macht Gott:
Gott ist freundlich zu den Menschen.

Gott ändert alles.
Viele Menschen sind stolz und falsch.
Gott bestraft sie.

Manche Menschen haben viel Macht.
Gott nimmt ihnen Macht weg.
Viele Menschen leiden.
Gott gibt ihnen Macht und Kraft.

Gott gibt den Menschen, die etwas brauchen.
Gott gibt den armen Menschen.
Gott nimmt den reichen Menschen etwas weg.

Maria sagt:

Gott denkt an sein Volk Israel.
Gott hat das versprochen.
Er hat es Abraham versprochen.
Und den Kindern von Abraham.
Was Gott sagt, das gilt auch für uns.

Maria bleibt 3 Monate bei Elisabeth.
Dann geht sie in ihre eigene Stadt zurück.

Freude!

Friede auf Erden: Jesus wird geboren.

Evangelium nach Lukas:

Kapitel 2, Verse 1 bis 20

Maria und Josef müssen in die Stadt Bethlehem.
Maria ist schwanger.
Schon bald bekommt sie ihr erstes Kind.

Der Kaiser Augustus braucht Geld.
Aber nur manche Menschen geben ihm Steuern.
Doch alle Menschen sollen Steuern geben.
Deshalb zählt man alle Menschen.

Josef ist in der Stadt Bethlehem geboren.
Deshalb zählt man ihn dort.
Maria und Josef gehen den langen Weg dorthin.

Dann sind Maria und Josef in Bethlehem.
Sie brauchen ein Zimmer zum Schlafen.
Und für die Geburt von dem Baby.
Aber alle Zimmer sind voll.
Nur im Stall ist noch Platz.

Die Geburt von dem Kind ist in dem Stall.
Es ist ein Junge: Es ist Jesus.
Im Stall ist wenig Platz.
Maria und Josef legen das Kind
in eine Kiste für Futter.

In der Nähe von Bethlehem:
Da sind Männer auf einem Feld.
In der Nacht passen sie auf Tiere auf.
Die Männer sind Hirten.

Plötzlich wird es hell:
Und die Hirten haben Angst.
Im hellen Licht sehen sie einen Engel von Gott.
Die Hirten sind überrascht.

Der Engel sagt:
Ihr könnt vertrauen.
Ihr könnt euch freuen!
Alle können sich freuen!
Ein Kind ist heute geboren.
Das Kind ist der Retter für die Menschen.

Der Engel sagt:
Das Kind liegt in einem Stall.
In einer Kiste für Futter.

Dann kommen noch mehr Engel.

Und alle Engel sagen:

Wir loben Gott im Himmel!

Und Friede ist auf der Erde:

Für alle von Gott geliebten Menschen!

Die Engel gehen zurück in den Himmel.

Und die Hirten reden über die Engel.

Die Hirten denken:

Wir wollen das Kind sehen.

Schnell gehen die Hirten in die Stadt:

Und finden dort den Stall.

Und finden das Kind in der Kiste für Futter.

Die Hirten erzählen

Maria und Josef von den Worten der Engel.

Alle sind überrascht:

Das Kind ist der Retter für die Menschen.

Maria merkt sich die Worte der Hirten.

Die Hirten gehen zu ihren Tieren zurück.

Dabei loben sie Gott.

Und sie danken Gott.

Was für ein Vertrauen.

Jesus sagt:
Diese Frau
findet Frieden.

Evangelium nach Lukas:

Kapitel 7, Verse 36 bis 50

In Leichte Sprache übertragen für den Kirchentag Dortmund 2019.

Simon will mit Jesus reden.
Simon ist ein Lehrer für die Bibel.
Man sagt: Er ist ein guter Mensch.
Simon lädt Jesus zum Essen ein.
Simon lädt auch andere Menschen ein:
Frauen und Männer.

Eine Frau will Jesus sehen.
Die Frau macht Sex für Geld.
Man sagt: Sie ist ein schlechter Mensch.
Die Frau geht zum Haus von Simon.
Alle sind beim Essen.

Die Frau kniet vor Jesus.
Und weint.
Tränen fallen auf die Füße von Jesus.
Die Frau trocknet die Füße.
Mit ihrem Haar.
Dann küsst sie die Füße.

Die Frau hat Öl dabei.
Das Öl ist wertvoll. Und riecht gut.
Die Frau reibt die Füße von Jesus
mit dem Öl ein.

Simon ärgert sich.

Er sagt:

Die Frau ist schlecht.
Warum ist sie Jesus so nah?
Warum lässt Jesus das zu?

Jesus sieht den Ärger von Simon.

Und Jesus erzählt eine Geschichte:

Ein reicher Mensch verleiht Geld.
Ein Mann leiht sich viel Geld.
Ein anderer Mann leiht sich wenig Geld.
Dann schenkt der reiche Mensch
beiden das Geld.
Der eine Mann hat dann viel Geld.
Der andere Mann hat dann wenig Geld.

Jesus fragt Simon:

Welcher Mann hat mehr Freude?

Simon sagt:

Mehr Freude hat der Mann mit viel Geld.

Jesus sagt:

Simon hat Recht.

Wenn man viel bekommt:

Dann ist die Freude auch groß.

Und Jesus sagt:

Simon gab das Essen.

Doch die Frau gab viel:

Das Waschen der Füße.

Und einen Kuss.

Und wertvolles Öl.

Die Frau zeigte Liebe.

Die Frau liebt von Herzen. Und vertraut.

Die Liebe von Gott ist groß.

Die Frau kann ganz neu anfangen.

Jesus sagt zur Frau:

Dein Vertrauen rettet dich.

Du glaubst an Gott.

Gehe in Frieden.

Damit wir klug werden.

Jesus lobt einen Betrüger.

Evangelium nach Lukas:
Kapitel 16, Verse 1 bis 13

In Leichte Sprache übertragen für den Kirchentag Stuttgart 2015.

Da ist ein Mann.

Der ist sehr reich.

Der reiche Mann hat sehr viel Geld.

Und sehr viel Land. Und viele Dörfer.

Das macht Arbeit.

Deshalb hat der reiche Mann einen Helfer.

Der Helfer ist wichtig.

Denn er zählt das Geld.

Und er zählt das Land.

Und er spricht mit Menschen in den Dörfern.

Aber: Der Helfer arbeitet schlecht.

Der Helfer zählt falsch.

Das merkt der reiche Mann.

Der reiche Mann sagt zum Helfer:

Du musst gehen!

Du arbeitest schlecht.

Du zählst das Geld falsch.

Du zählst das Land falsch.

Zähle richtig!

Und mach alles für den neuen Helfer fertig.

Denn du verlierst deine Arbeit.

Der Helfer denkt nach:
Was soll ich tun?
Wenn ich die Arbeit verliere, bin ich in Not.
Was esse ich?
Wo wohne ich, wenn ich arm bin?

Ich habe eine Idee.
Ich brauche Freunde.
Freunde helfen mir.
Mit Essen und beim Wohnen.

Der Helfer spricht mit den Menschen
aus den Dörfern.
Die Menschen haben Schulden
bei dem reichen Mann.
Der Helfer hofft:
Diese Menschen werden Freunde.

In einem Dorf:
Da muss man dem reichen Mann viel Öl geben.
Der Helfer sagt:
Wir betrügen den reichen Mann.
Wir machen die Schulden klein.
Wir geben nur die Hälfte von dem Öl.

Im anderen Dorf:
Da muss man dem reichen Mann
viel Weizen geben.
Der Helfer sagt:
Wir betrügen den reichen Mann.
Wir machen die Schulden klein.
Wir geben weniger von dem Weizen.

Der Helfer zählt falsch.
Und der Helfer betrügt.

Aber Jesus lobt den Helfer.
Weil der Helfer auch klug ist.
Weil der Helfer in der Not etwas tut.

Jetzt ist die Zeit.

Wann kommt das Reich von Gott?

Evangelium nach Lukas:

Kapitel 17, Verse 20 bis 25

In Leichte Sprache übertragen für den Kirchentag Nürnberg 2023.

Kluge Menschen fragen Jesus:

Wann kommt das Reich von Gott?

Wann beherrscht Gott die Welt?

Jesus sagt:

Ihr fragt das Falsche.

Ihr denkt an einen Ort.

Oder an eine bestimmte Zeit.

Aber: Das Reich von Gott ist anders.

Das Reich von Gott ist in eurer Mitte.

Ihr seid schon ein Teil vom Reich von Gott.

Dann spricht Jesus zu seinen Schülern.

Das sind Männer und Frauen.

Jesus sagt:

Auch ihr wartet: Gott soll herrschen.

Versucht es zu verstehen ...

Es kommt ein Mensch:

Auf ihn hoffen alle.

Alle warten auf ihn.

Mit ihm kommt das Reich von Gott.

Jesus sagt:

Jetzt denkt auch ihr an einen Ort.

Und an eine bestimmte Zeit.

Ich sage euch:

Dieser Mensch kommt wie ein Blitz.

Plötzlich wie ein Blitz.

Hell wie ein Blitz.

Alle werden es sehen.

Und: Dieser Mensch wird leiden.

Das Reich von Gott ist in eurer Mitte.

Du siehst mich.

Jesus geht zu Zachäus.

Evangelium nach Lukas:
Kapitel 19, Verse 1 bis 10

In Leichte Sprache übertragen für den Kirchentag Berlin Wittenberg 2017.

Jesus kommt in die Stadt Jericho.
Da wohnt Zachäus.
Zachäus ist ein Mann.
Er arbeitet beim Zoll.

Viele Menschen wollen in die Stadt.
Dann müssen sie Geld bezahlen.
Das ist Zoll.
Die Menschen müssen bei Zachäus
Zoll bezahlen.
Doch er betrügt die Menschen.
Er verlangt zu viel Geld.
Einen Teil von dem Geld behält er für sich.
Dadurch ist Zachäus reich.

Jesus kommt nach Jericho.
Zachäus will Jesus sehen.
Das ist Zachäus wichtig: Jesus sehen.

Viele Menschen stehen an der Straße.
Zachäus kann **nichts** sehen. Er ist zu klein.
Zachäus hat eine Idee:
Er steigt auf einen Baum.
Nun kann er über die Menschen drüber sehen.

Zachäus sieht Jesus.
Jesus kommt die Straße herunter.
Unter dem Baum bleibt Jesus stehen.
Jesus sieht zu Zachäus hinauf.
Er sieht Zachäus an.
Jesus sagt:
Hallo Zachäus, komm von dem Baum runter.
Ich will mit dir zu Abend essen.

Zachäus kommt vom Baum herunter.
Und nimmt Jesus mit nach Hause.
Zachäus freut sich sehr.
Er ist sehr aufgeregt.

Jesus geht in das Haus von Zachäus.
Jesus und Zachäus essen Abendbrot.

Die Menschen sehen
Jesus im Haus von Zachäus.
Sie ärgern sich.
Sie fragen:
Warum geht er zu Zachäus nach Hause?
Zachäus ist doch ein Betrüger!

Zachäus sagt zu Jesus:

Ich habe viel falsch gemacht.
Ich habe betrogen.
Ich will es wieder gut machen.
Ich habe viel Geld.
Die Hälfte von meinem Geld
schenke ich armen Menschen.
Ich habe viele Menschen betrogen.
Das tut mir leid.
Ich zahle jedem Menschen Geld zurück.
Viel mehr, als ich genommen habe.

Jesus sagt zu Zachäus:

Heute ist ein guter Tag für dich!
Du bist gerettet.
Du hast Frieden für dich gefunden.
Du bist wieder auf einem guten Weg.

Jesus sagt:

Ich bin für alle Menschen da.
Besonders für Menschen, die Fehler machen.
Ich bringe Frieden für die Seele.
Zachäus, dein Leben beginnt neu.
Und der Segen von Gott ist mit dir!

Schaut hin.

Die Frauen sehen:
Das Grab ist leer.

Evangelium nach Lukas:

Kapitel 24, Verse 1 bis 10

In Leichte Sprache übertragen für den

Ökumenischen Kirchentag Frankfurt 2021.

Jesus ist tot.

Sein Grab ist in einer Höhle.

Vor der Höhle liegt ein schwerer Stein.

Freundinnen von Jesus gehen zu dem Grab.

Zwei Frauen heißen Maria.

Eine Frau heißt Johanna.

Die Frauen wollen nach dem toten Jesus sehen.

Sie wollen Jesus einsalben.

So zeigen sie: Jesus ist uns wichtig.

Die Frauen kommen zu dem Grab.

Sie sehen: Der schwere Stein ist weg.

Der Eingang zum Grab ist offen.

Und das Grab ist leer.

Jesus ist weg.

Die Frauen fragen:

Warum ist das Grab leer?

Wo ist Jesus?

Plötzlich stehen da zwei Männer.

Die Männer stehen in einem hellen Licht.

Die Frauen haben Angst.

Die Männer im hellen Licht sagen:

Habt **keine** Angst.

Was sucht ihr hier?

Schaut hin:

Hier ist ein Grab.

Ein Grab ist für Tote.

Aber Jesus lebt.

Erinnert euch.

Jesus sagte es euch schon früher:

Ich werde sterben.

Und dann werde ich auferstehen.

Und leben.

Die Frauen gehen weg.

Sie gehen zu den Freunden von Jesus.

Die Frauen sagen den Freunden:

Wir waren beim Grab von Jesus.

Wir haben gesehen:

Das Grab ist leer.

Jesus lebt.

Der Eingang zum Grab ist offen.

Und das Grab ist leer.

Der Kirchentag beginnt auch mit einem Gottesdienst in Leichter Sprache.

Auf Seite 51 steht der Bibeltext.

Nachdenken über einen Bibeltext:

Eine Bibelarbeit in Leichter Sprache.

Auf Seite 147 steht der Bibeltext.

© Foto: 35DEKT / Kolja Matzke

Lieder in Leichter Sprache werden
für Kirchentage geschrieben.

Damit viele Menschen mitsingen können.

© Foto: 37DEKT / Dirk Purz

Der Kirchentag endet auch mit einem Gottesdienst in Leichter Sprache.

Auf Seite 97 steht der Bibeltext.

entag
rg 2023
Kirchentag

Jetzt ist die Zeit.

Mit Jesus wird Wasser zu Wein.

Evangelium nach Johannes:

Kapitel 2, Verse 1 bis 12

In Leichte Sprache übertragen für den

Kirchentag Nürnberg 2023.

Im Dorf mit dem Namen Kana:

Da gibt es eine Hochzeit.

Jesus feiert mit.

Und die Mutter von Jesus.

Und Schüler von Jesus.

Das sind erwachsene Männer und Frauen.

Die Hochzeit ist ein großes Fest.

Das Fest dauert viele Tage.

Plötzlich sind die Fässer mit Wein leer.

Die Mutter von Jesus sagt zu Jesus:

Der Wein ist alle.

Kannst du helfen?

Jesus sagt zur Mutter:

Meine Zeit kommt noch.

Und dann tut Jesus doch etwas!

Er geht zu Helfern.

Jesus sagt:

Ihr Männer und Frauen:
Füllt Fässer mit Wasser.
Nehmt einen Becher.
Füllt den Becher in einem Fass.
Dann gebt dem Koch den Becher.

Was Jesus gesagt hat:
Das wird gemacht.

Der Koch nimmt den Becher: Er trinkt.
Der Koch ist überrascht:
Im Becher ist guter Wein.

Der Koch sagt:

Wenn eine Feier beginnt:
Dann gibt es guten Wein.
Wenn die Gäste betrunken sind:
Dann gibt es schlechten Wein.
Hier und jetzt ist das anders:
Den guten Wein gibt es am Ende!

Aus Wasser wurde Wein.

Das ist ein Zeichen von Gott.

Das ist das erste Wunder von Jesus.

Die Schüler von Jesus waren dabei.

Diese Männer und Frauen glauben:

Jesus hat die Kraft von Gott.

Schaut hin.

Ein blinder Mann kann plötzlich sehen.

Evangelium nach Johannes:
Kapitel 9, Verse 1 bis 12

In Leichte Sprache übertragen für den Ökumenischen Kirchentag Frankfurt 2021.

Jesus sieht einen Mann.
Der Mann ist blind – schon immer.

Die Freunde von Jesus fragen:
Warum ist der Mann blind?
Ist Blind-sein eine Strafe von Gott?

Jesus sagt:
Warum fragt ihr nach Strafe?
Es ist ganz anders.
An dem Mann zeige ich:
Gott tut Gutes.
Wir haben eine Aufgabe von Gott:
Wir zeigen die guten Werke von Gott.

Ich bringe Licht zu den Menschen.
Ich bin das Licht auf der Welt.
Ich mache das Dunkle hell.

Jesus geht zu dem blinden Mann.
Jesus macht einen Brei:
Aus Spucke und Erde.
Den Brei legt Jesus
auf die Augen von dem Mann.

Dann sagt Jesus zu dem Mann:

Gehe zum Teich.

Und wasche dich im Teich.

Der blinde Mann geht zum Teich.

Und wäscht sich.

Da kann der Mann sehen.

Die Nachbarn sehen den Mann.

Einige sagen:

Das ist ja der blinde Mann.

Andere sagen:

Das ist falsch.

Der Mann sieht nur so aus

wie der blinde Mann.

Die Nachbarn fragen den Mann:

Wieso kannst du plötzlich sehen?

Der Mann sagt:

Jesus hat einen Brei auf meine Augen gelegt.

Dann hat er gesagt:

Wasche dich im Teich.

Das habe ich getan.

Jetzt kann ich sehen.

Die Nachbarn fragen den Mann:

Wo ist Jesus?

Schaut hin.

Einfach vertrauen:
Jesus trifft Thomas.

Evangelium nach Johannes:

Kapitel 20, Verse 24 bis 29

In Leichte Sprache übertragen für den
Ökumenischen Kirchentag Frankfurt 2021.

Jesus ist von den Toten auferstanden.
Und er kommt zu seinen Freunden.
Alle Freunde sind da.
Nur Thomas fehlt.

Thomas kommt zu spät.
Da ist Jesus schon wieder weg.

Die anderen Freunde sagen zu Thomas:
Wir haben Jesus gesehen.
Jesus war hier bei uns.

Thomas sagt:
Das kann ich **nicht** glauben.
Ich brauche einen Beweis.
Ich muss die Wunden von Jesus sehen.
Die Wunden an seinen Händen:
Wo die Nägel waren.
Und die Wunde an seiner Seite.
Ich will die Wunden mit den Fingern berühren.
Dann glaube ich: Jesus lebt.
Dann glaube ich: Jesus war hier.

Eine Woche später kommt Jesus wieder.
Thomas ist jetzt auch da.

Jesus sagt:
Der Friede von Gott ist mit euch!

Jesus sagt zu Thomas:
Strecke deinen Finger aus.
Hier sind meine Hände.
Berühre meine Hände!
Und hier ist meine Wunde.
Fühle meine Wunde!
Schau hin: Ich bin es.

Thomas sagt:
Du bist es wirklich.
Jetzt kann ich es glauben.
Du bist mein Herr.
Und mein Gott.

Jesus sagt:

Du hast mich gesehen.

Darum glaubst du.

Andere Menschen können mich **nicht** sehen.

Und sie glauben trotzdem an mich.

Diese Menschen dürfen sich freuen.

Gott segnet diese Menschen.

Schaut hin.

Was schaut ihr zum Himmel? Jesus lebt.

Apostel·geschichte:

Kapitel 1, Verse 1 bis 12

In Leichte Sprache übertragen für den Ökumenischen Kirchentag Frankfurt 2021.

Jesus starb am Kreuz.
Jesus war tot.
Dann ist Jesus von den Toten auferstanden.
Jesus lebt wieder.
Anders als vor dem Tod.

Jesus kommt immer wieder zu seinen Freunden.
Das sind Männer und Frauen.
Alle essen zusammen.
Und Jesus erzählt von Gott.

Jesus sagt:

Ich gehe zu Gott zurück.
Bleibt ihr hier in Jerusalem.
Und vertraut auf Gott.
Denkt daran:
Johannes taufte Menschen mit Wasser.
Wartet nur wenige Tage.
Dann tauft Gott euch mit dem Heiligen Geist.
Der Heilige Geist ist die Kraft von Gott.

Die Freunde fragen Jesus:

Wenn bald Kraft von Gott kommt:
Gibst du uns dann Macht?
Hier in der Stadt?
Und überall auf der Welt?

Jesus antwortet:

Nur Gott weiß das.

Für euch ist wichtig:
Ihr bekommt den Heiligen Geist.
Der Heilige Geist macht euch stark.
Dann erzählt ihr von mir.
Hier in der Stadt.
Und überall auf der Welt.

Da kommt eine Wolke.
Die Wolke nimmt Jesus mit.
Die Freundinnen und Freunde sehen Jesus nach.
Sie schauen in den Himmel.

Plötzlich sind 2 Männer da.

Die 2 Männer sagen:

Was schaut ihr zum Himmel?

Jesus kommt wieder zurück.

Jesus geht jetzt in den Himmel.

Jesus geht zu Gott.

Von dort kommt Jesus wieder.

mutig – stark – beherzt

Es ist entschieden: Gott ist für uns da.

Brief an die Römer:
Kapitel 8, Verse 31 bis 39

In Leichte Sprache übertragen für den Kirchentag Hannover 2025.

Es ist alles gesagt.
Es ist klar:
Gott ist für uns.
Niemand kann gegen uns sein!

Das seht ihr an Jesus.
Jesus ist der Sohn von Gott.
Die Menschen haben Jesus getötet.
Gott erlaubte den Tod von Jesus.
Der Tod von Jesus ist ein Geschenk von Gott.
Damit zeigt Gott:
Ich liebe euch.
Ich gebe euch alles.

Niemand kann uns sagen:
Ich klage euch an.
Denn Gott sagt:
Ihr seid frei.

Niemand kann uns sagen:
Ihr seid schuldig.
Denn Gott gab uns Jesus.
Jesus starb am Kreuz.
Dann schenkte Gott Jesus neues Leben.

Jetzt ist Jesus bei Gott.
Und Jesus spricht gut über uns.

Niemand kann zu uns sagen:
Vergiss Jesus.
Vergiss die Liebe von Jesus zu uns.
Denn Jesus ist immer bei uns.
Auch wenn wir Angst haben.
Auch wenn Menschen uns angreifen.
Auch wenn wir in Gefahr sind.
Jesus ist immer bei uns.

Wir gehören zu Gott.
Darum wollen uns Menschen töten.
Das war früher so.
Das ist heute so.
Ich sage euch das Gute:
Gott ist für uns da.
Gott hat für uns gewonnen.

Gott liebt uns.
Das ist klar.
Im Leben und im Tod.
Jetzt und in Zukunft.

Gott liebt uns.

Es ist egal, wer gegen uns ist:

Wesen aus dem Himmel.

Oder Wesen aus der Hölle.

Oder Wesen auf der Erde.

Oder Mächte vom Tod.

Gott ist mächtiger. Immer.

An Jesus Christus sehen wir:

Gott liebt uns.

Damit ist alles gesagt.

mutig – stark – beherzt

Allen Menschen gab Gott eine Aufgabe.

Brief an die Römer:

Kapitel 12, Verse 1 bis 9

In Leichte Sprache übertragen für den Kirchentag Hannover 2025.

Paulus sagt:

Liebe Geschwister, habt Mut.
Denn Gott ist freundlich.
Habt Mut: Seid ganz für Gott da.
Dankt Gott.
Schenkt euer Leben Gott.
Das ist euer Dienst für Gott.
Das gefällt Gott.

Lebt anders als andere Menschen.
Ändert euch.
Gott hilft euch.

Erkennt die Wünsche von Gott.
Dann tut das Gute.
Tut es zur Freude von Gott.

Mir – Paulus – gab Gott eine Fähigkeit:
Ich kann euch wichtige Dinge sagen.
Ich sage euch:
Seid ehrlich zu euch selbst.

Gott gab euch Fähigkeiten.
Ihr könnt verschiedene Dinge richtig gut.
Ihr seid alle wichtig.

Es ist wie beim Körper.
Der Körper hat viele Teile.
Alle Teile sind anders.
Alle haben eine Aufgabe.

So ist das auch bei uns:
Wir sind viele.
Wir sind alle anders.
Wir haben alle eine Aufgabe:
Unsere Aufgabe.
Christus führt uns zusammen.

Alle Menschen haben eine Aufgabe.

Manche Menschen reden gut
über die Wünsche von Gott.
Sie sollen Gott treu sein.

Manche Menschen kümmern sich
gut um andere.
Sie sollen das tun.

Manche Menschen sind gute Lehrer.
Diese Männer und Frauen lehren gut.
Sie sollen das tun.

Manche Menschen machen gut Mut.
Sie sollen das tun.

Manche Menschen teilen das, was sie haben.
Sie sollen es gerne tun.

Manche Menschen leiten eine Gemeinde gut.
Sie sollen das mit ganzer Kraft tun.

Manche Menschen helfen gerne.
Sie sollen das mit Freude tun.

Wenn ihr liebt: Seid ehrlich.
Seid gegen das Böse.
Tut das Gute.

Damit wir klug werden.

Die Liebe ist ehrlich.
Seid freundlich.

Brief an die Römer:
Kapitel 12, Verse 9 bis 16

In Leichte Sprache übertragen für den Kirchentag Stuttgart 2015.

Die Liebe ist ehrlich.
Seid freundlich.
Gutes tun ist richtig.

Seid herzlich zu den Menschen.
Zu Frauen, Männern und Kindern.
Seid freundlich zu allen.
Achtet die anderen Menschen!

Wenn ihr euch etwas vorgenommen habt,
dann macht es.
Eure Freude ist groß:
Wenn ihr die Aufgabe getan habt.
Denkt immer an Gott.

Habt immer Hoffnung.
Freut euch, dass es Hoffnung gibt.
Traurige Zeiten gehen vorbei.
Bleibt geduldig.
Denkt an das Beten.
Betet oft.

Ein Mensch ist in Not.
Ihr könnt helfen.

Ein Mensch hat Hunger.
Ihr könnt ihn einladen.
Ihr könnt zusammen essen.

Ein Mensch ist böse zu euch.
Vergebt ihm.
Gottes Segen gilt für alle Menschen.

Freut euch mit den fröhlichen Menschen.
Tröstet traurige Menschen.

Redet mit anderen Menschen.
Einigt euch mit anderen Menschen.
Kleine Wünsche sind gut.
Auch kleine Dinge machen glücklich.
Über eigenes Klug-Sein reden ist schlecht.

Habt immer Hoffnung.

Freut euch, dass es Hoffnung gibt.

Du siehst mich.

Die Liebe ist das Wichtigste.

1. Brief an die Korinther:

Kapitel 13

In Leichte Sprache übertragen für den Kirchentag Berlin Wittenberg 2017.

Stell dir vor: Ich rede über Gott.
Und ich rede über den Glauben.
Und alle verstehen mich: Das ist schön.
Aber das ist zu wenig.
Denn die Liebe ist am wichtigsten.
Wenn ich über Gott rede:
Dann muss ich mit Liebe reden!

Stell dir vor: Ich bin klug.
Und ich kenne Geheimnisse.
Ich weiß alles: Das ist schön.
Aber das ist zu wenig.
Denn die Liebe ist am wichtigsten.
Wenn ich kluge Dinge denke:
Dann muss ich mit Liebe denken!
Wenn ich glaube:
Dann muss ich mit Liebe glauben.

Stell dir vor: Ich tue Gutes.
Und ich helfe armen Menschen.
Das ist schön: Aber das ist zu wenig.
Denn die Liebe ist am wichtigsten.
Wenn ich Gutes tue:
Dann muss ich mit Liebe Gutes tun!

Liebe ist Geduld. Liebe ist Freude.
Liebe ist Neugier. Liebe ist Kraft.
Liebe ist Verständnis.
Liebe kann sich über das Glück
der anderen Menschen freuen.
Liebe kann vertrauen.
Liebe kann hoffen.

Die Liebe hält viel aus.
Die Liebe ist ein Geschenk von Gott.
Liebe ist immer da. Gott ist immer da.

Ich kenne nur einen Teil von allem.
Ich kenne nur einen Teil von Gott.

Wenn Gott will:
Dann wird sich alles ändern!
Dann weiß ich alles Wichtige.
Dann weiß ich alles von der Größe von Gott.

Früher war ich ein Kind.
Ich sprach wie ein Kind.
Ich dachte wie ein Kind.

Jetzt bin ich erwachsen.
Jetzt sehe ich vieles anders.
Jetzt verstehe ich Gott besser.
Und ich möchte Gott ganz sehen.
Aber ich sehe nur wenig.

So ist das:
Ich sehe nur einen Teil von mir.
Ich sehe nur einen Teil von der Welt.
Ich sehe nur einen Teil von Gott.

Aber Gott sieht alles.
Gott sieht mich an.
Gott sieht alles von mir.

Eines Tages sehe ich Gott ganz.
Bis dahin weiß ich:
Drei Dinge sind wichtig.
Glaube.
Hoffnung.
Liebe.
Und die Liebe ist am wichtigsten!

mutig – stark – beherzt

Macht alles in Liebe.

1. Brief an die Korinther:
Kapitel 16, Verse 13 bis 14

In Leichte Sprache übertragen für den Kirchentag Hannover 2025.

Lebt mit Neugier in der Welt.

Vertraut Gott.

Seid mutig und stark.

Was ihr tut und was ihr lasst:

Macht alles in Liebe.

Was für ein Vertrauen.

Paulus schreibt:
Gott hat mich gerettet.

2. Brief an die Korinther:
Kapitel 1, Verse 8 bis 11

In Leichte Sprache übertragen für den Kirchentag Dortmund 2019.

Paulus schreibt einen Brief.

Er schreibt:

Ich möchte euch etwas erzählen.
Das ist mir wichtig.
Ich war auf einer Reise.
Ein Freund war dabei.

Die Reise war gefährlich.
Wir hatten Angst.
Sehr viel Angst.
Es war zu viel für uns.
Wir waren verzweifelt.
Ich war mir sicher:
Wir werden sterben.

Aber dann wurde alles anders:
Ich lebe noch!
Mein Freund auch!
Ich habe gemerkt:
Wir vertrauen nur Gott.
Immer.

Gott kann Tote lebendig machen.
Das glaube ich.
Darauf vertraue ich.

Gott hat uns gerettet.
Vor dem Tod.
Das wird Gott auch wieder tun.
Ich hoffe:
Gott wird uns alle immer wieder retten.

Bitte helft mir:
Betet für uns.
Mit dem Gebet dankt ihr Gott:
Dass Gott uns rettet.

Wir vertrauen nur Gott.

Immer.

Jetzt ist die Zeit.

Rede über Gott und Christus.

2. Brief von Timotheus:
Kapitel 4, Verse 1 bis 5

In Leichte Sprache übertragen für den Kirchentag Nürnberg 2023.

Paulus schreibt in einem Brief:

Gott beurteilt uns.

Christus auch.

Deshalb befehle ich dir:

Rede zu den Menschen.

Rede von Gott.

Rede von Christus.

Sei ein guter Lehrer.

Rede von Gott und Christus:

Wenn es leicht ist.

Wenn es die Menschen hören wollen.

Rede von Gott und Christus:

Wenn es schwer ist.

Wenn Menschen es **nicht** hören wollen.

Rede zu jeder Zeit.

Sei streng.

Sei ehrlich.

Mache den Menschen Mut.

Habe Geduld mit den Menschen.

Habe Vertrauen auf Gott.

Bald kommt die Zeit und Menschen denken:
Die Rede von Gott und Christus
ist uns zu schwer.
Dann suchen die Menschen neue Lehrer:
Andere Männer und Frauen.
Diese Lehrer denken sich Dinge aus.
Das gefällt den Menschen.
Aber diese Lehrer erzählen Lügen.

Du musst anders reden.
Bleibe bei der Wahrheit von Gott und Christus.
Denke an deinen Auftrag.
Sei treu.

Habe Geduld mit den Menschen.

Habe Vertrauen auf Gott.

Was für ein Vertrauen.

Lebe mutig
in der Welt.

Brief an die Hebräer:

Kapitel 10, Verse 35 bis 36

In Leichte Sprache übertragen für den Kirchentag Dortmund 2019.

Vertraut auf Gott.

Habt Mut beim Leben in der Welt!

Ihr seid frei.

Vertraut auf Gott.

Vertrauen und Mut belohnt Gott.

Auf den Lohn von Gott müsst ihr warten.

Ihr braucht Geduld.

Warten ist schwer.

Lebt nach den Regeln von Gott.

Und Gott gibt euch das Gute.

Gott hält das Versprechen.

Freude!

Vielleicht ist dein Gast ein Bote von Gott.

Brief an die Hebräer:
Kapitel 13, Vers 2

Wenn ein Mensch euch bittet:

  Hast du einen Platz zum Schlafen?

  Hast du etwas zu essen?

Dann seid freundlich.

Dann zeigt dem Menschen:

Du bist als Gast willkommen.

Seid freundlich.

Ohne euer Wissen hattet ihr

vielleicht besondere Gäste:

Vielleicht war ein Bote von Gott euer Gast.

Oder eine Botin von Gott war euer Gast.

Schaut hin.

Wenn wir lieben:
Dann ist Gott in uns.

1. Johannesbrief:

Kapitel 4, Verse 11 bis 21

In Leichte Sprache übertragen für den Ökumenischen Kirchentag Frankfurt 2021.

Gott liebt uns.

Deshalb können wir Menschen einander lieben.

Wir können einen anderen Menschen sehen.

Und ihn lieben.

Gott können wir **nicht** sehen.

Aber Gott können wir trotzdem lieben.

Wenn wir lieben: Dann ist Gott in uns.

Und Gott bleibt mit uns.

Gott schenkt uns die Kraft vom Heiligen Geist:

Die lässt uns jeden Tag neu leben.

Gott schenkt uns Jesus:

Der gibt uns jeden Tag neue Hoffnung.

Wir lieben: Und Gott ist in uns.

Gott schaut auf mich:

Was ist gut in meinem Leben?

Was ist schlecht in meinem Leben?

Meine Angst nimmt Gott weg.

Ich darf Gott vertrauen.

Denn mit Gott fängt die Liebe an.

Die Liebe besiegt die Angst.

Wenn ein Mensch sagt: Ich liebe Gott.

Dann muss er auch alle Menschen lieben.

Nur dann ist Liebe ehrlich.

Wir sollen Gott und die Menschen lieben:

Mit gleicher Kraft.

Dieses Gebot gab uns Gott.

Wenn wir lieben:

Dann ist Gott in uns.

Und Gott bleibt mit uns.

Freude!

Ein neuer Himmel!
Und eine neue Erde!

Buch der Offenbarung:

Kapitel 21, Verse 1 bis 4

Ein Mann hat einen Traum.
Er träumt:
Alles wird neu.
Es gibt einen neuen Himmel.
Es gibt eine neue Erde.

Der Mann hört eine Stimme.
Die Stimme sagt:
Gott ist bei den Menschen.
Die Menschen gehören zu Gott.
Gott ist mitten unter ihnen.

Gott tröstet die Menschen.
Gott schenkt Leben.
Der Tod ist vorbei.
Die Trauer ist vorbei.
Der Schmerz ist vorbei.

Alles wird neu.

Der Kirchentag

Kirchentag ist ein großes Fest.
Kirchentag findet alle zwei Jahre statt:
Immer in einer anderen großen Stadt.

Menschen treffen sich:
Sie reden, singen und beten.
Sie streiten und sind dabei fair.
Sie vertrauen Gott und dem Leben.
Sie suchen gute Wege für das Leben.

Beim Kirchentag machen viele Menschen mit:
in der Freizeit, **ohne** Bezahlung.
Die Menschen planen das Programm.
Sie machen Musik oder zeigen Kunst.
Viele helfen: Damit Kirchentag für alle schön ist.

Die Bibeltexte

Jeder Kirchentag hat ein eigenes Motto.
Passend zum Motto werden Texte
aus der Bibel ausgesucht.

Die Bibeltexte sind beim Kirchentag wichtig für:

- Gottesdienste
- Bibelarbeiten
  Bei Bibelarbeiten reden Menschen über
  die Texte und die Bedeutung für ihr Leben.
- Gebete und neue Lieder

Für jeden Kirchentag werden die Bibeltexte neu
in gerechte Sprache übersetzt.
Gerechte Sprache zeigt besonders
die Würde von Menschen.

Und für jeden Kirchentag werden die Bibeltexte
in Leichte Sprache übertragen.
Leichte Sprache ist sehr gut zu verstehen.
Und sehr einfach zu lesen und zu hören.

Die Leichte Sprache

Texte in Leichter Sprache verstehen
sehr viele Menschen gut und schnell.
Für Barrierefreiheit und Inklusion
sind Texte in Leichter Sprache wichtig.

Für Leichte Sprache gibt es viele Regeln.
Die Regeln helfen:

- Texte gut zu verstehen.
  Jeder Satz hat nur eine Aussage.
- Texte gut zu lesen.
  Die Wörter und Sätze sind sehr kurz.
- Wörter und Buchstaben gut zu erkennen.
  Die Schrift ist groß.

Man kann Texte direkt in Leichter Sprache
schreiben oder sprechen.
Oder man überträgt Texte in Leichte Sprache.

Leichte Sprache ist ein Angebot für alle:
Damit alle Menschen selbstbestimmt leben.

Die Übertragung

Die Übertragung in Leichte Sprache
ist für erwachsene Menschen gemacht.
Sätze und Wörter sind besonders einfach.
Sehr viele Menschen können die Texte sehr
leicht lesen, vorlesen, hören und verstehen.

Die übertragenen Texte sind Worte von Gott:
Worte von Gott in Leichter Sprache.
Die Texte sind Worte von Menschen:
Die Menschen wollen Gott treu sein.

Die Übertragung macht eine Arbeitsgruppe.
Diese Menschen gehören dazu:
Michael Hofmann, Peter Köster,
Christian Möring und Ulrike Nachtwey.
Die Mitglieder der Arbeitsgruppe kennen
die Leichte Sprache gut.
Sie haben auch Wissen über die Bibel.

Bei der Übertragung helfen sehr viele Menschen.
Keiner bekommt dafür Geld.

Die Textprüfung

Alle Bibeltexte sind mehrfach geprüft.

Durch die Arbeitsgruppe

Zuerst prüft sie alle Übertragungen selbst.
Die Gruppe nutzt auch Programme im Internet.
Damit prüft sie Wörter, Sätze und Texte.

Durch die Lesegruppe

Das ist das Ziel der Lesegruppe:
Die Texte zeigen ein gutes Wissen über die Bibel.
Die Menschen aus dieser Gruppe schreiben beim
Kirchentag die Bibeltexte in gerechter Sprache.

Durch die Prüfgruppe

Eine sehr wichtige Prüfung kommt zum Schluss.
Die Prüfung machen Menschen mit
sehr großem Wissen über Leichte Sprache:
Menschen mit Lernschwierigkeiten.

Keine Treffen der Prüfgruppe gab es
in der Corona-Zeit:
Um die Menschen zu schützen.

Das Buch

Menschen sollen im Buch mit Freude lesen:
Weil es um Vertrauen auf Gott geht.
Und weil es ein schönes Buch ist.

Das Buch lässt sich gut aufschlagen.
Alle Seiten sind aus dickem Papier.
Und es gibt eine gut lesbare Schrift.
Menschen mit Lernschwierigkeiten haben
bei der Entwicklung dieser Schrift geholfen.

Im Buch sind **keine** Zeichnungen.
Die Prüfgruppe hat zu den Übertragungen
in Leichte Sprache beim Kirchentag gesagt:
Alles ist **ohne** Zeichnungen gut zu verstehen.

Das Buch mit Texten in Leichter Sprache
sieht fast so aus, wie andere Bücher auch.
Das ist richtig und wichtig. Das ist angemessen.

Michael Hofmann ist der Herausgeber.
Er arbeitet beim Kirchentag mit.
Und er leitet die Arbeitsgruppe Leichte Sprache.

Wir sagen: Danke!

Mehr als 40 Menschen haben bei den
Bibeltexten in Leichter Sprache geholfen.
Wir sind dankbar für das gute Miteinander.
Nur so konnte dieses Buch entstehen. DANKE!

Viele Menschen haben geholfen.
Leider können wir **nicht** alle Namen nennen.

Wir danken allen Mitgliedern der Lesegruppe:
Eure Hinweise sind immer wieder sehr wichtig.
Durch euch lernen wir viel. DANKE!

Die Diakonie Himmelsthür ist zuverlässig dabei.
Das ist gut für die Arbeit der Prüfgruppe. DANKE!

Wir danken allen Mitgliedern der Prüfgruppe.
Eure Erfahrungen sind besonders wichtig.
Ihr macht uns Mut! DANKE!

Dieses Buch war für uns ein Abenteuer.
Der Luther-Verlag in Bielefeld hat uns begleitet.
Und hat dieses schöne Buch gemacht. DANKE!

Zu Freunden wurden uns die Menschen vom
Projekt „Evangelium in Leichter Sprache“.
An den Texten vom Ökumenischen Kirchentag
haben wir gemeinsam gearbeitet.
Für uns war es eine große Freude. DANKE!

Beim Kirchentag heißt es alle zwei Jahre:
Wir brauchen Bibeltexte in Leichter Sprache.
Unsere Gruppe darf die Übertragung machen.
Wir danken dem Kirchentag für sein Vertrauen.
DANKE!

Was ihr tut und was ihr lasst:
Macht alles in Liebe.

Michael Hofmann, Peter Köster,
Christian Möring und Ulrike Nachtwey.

Dieser Text kann **nicht** in Leichter Sprache sein:

Bibliografische Informationen der Deutschen Nationalbibliothek:
Die Deutsche Nationalbibliothek verzeichnet diese Publikation in der Deutschen Nationalbibliographie; detaillierte bibliographische Daten sind im Internet über http://dnb.dnb.de abrufbar.

Druck und Bindung: Beltz Grafische Betriebe GmbH, Bad Langensalza
Printed in Germany

ISBN 978-3-7858-0906-8
www.luther-verlag.de

Bibeltexte in Leichter Sprache vom Kirchentag – Gott ist nah.

Wer hat die Bibeltexte übertragen?

Michael Hofmann, Peter Köster,
Christian Möring und Ulrike Nachtwey

Wer gibt das Buch heraus?

Michael Hofmann,
Arbeitsgruppe Leichte Sprache, Kirchentag

Wer hat das Buch gestaltet?

Mandelzweig, mit der Schrift „FS me“ und Fotos
vom Deutschen Evangelischen Kirchentag

Wer hat das Buch gedruckt und gebunden?

Beltz Grafische Betriebe, Bad Langensalza

Wann wurde das Buch das erste Mal gedruckt?

Im Jahr 2024

Welcher Verlag veröffentlicht das Buch?

Der Luther-Verlag in Bielefeld

Wie kann man das Buch einfach bestellen?

Mit dieser Nummer: 978-3-7858-0906-8